10 PELIGROS QUE TODO INMIGRANTE A LOS ESTADOS UNIDOS DEBE EVITAR

FELIPE MERINO

EDICIÓN EN ESPAÑOL:
© 2024 FELIPE MERINO

Corrección y edición en español: Editorial Colirio, Lic. Rodrigo B. Pedroza García.
Producción y editorial: Editorial Colirio
Diseño editorial y portada: Editorial Colirio.

© Del texto, 2024, (FELIPE MERINO)
Edición en español: julio 2024

© Reservados todos los derechos.

Queda rigurosamente prohibida, sin autorización del autor ©, bajo las sanciones establecidas por la ley, la reproducción total o parcial de esta obra por cualquier medio o procedimiento, comprendido la reprografía, el tratamiento informático, así como la distribución de ejemplares de la misma mediante alquiler o préstamo públicos. El autor es totalmente responsable por la información en texto e imágenes del contenido de esta obra.

Reg.: en trámite

ISBN: 9798344160412

Índice

Prólogo 7

Introducción 9

Capítulo 1
Nunca declare ser ciudadano(a) estadounidense 13

Capítulo 2
Castigo por múltiples entradas no autorizadas 17

Capítulo 3
Petición familiar por hijos estadounidenses
con mayoría de edad 21

Capítulo 4
Puede ser deportado si no se presenta a
su audiencia migratoria 25

Capítulo 5
No se declare culpable en un caso penal
sin ayuda migratoria 29

Capítulo 6
Pidiendo asilo sin fundamento puede causar problemas permanentes *33*

Capítulo 7
Mentiras a un oficial migratorio pueden hacerlo inadmisible *37*

Capítulo 8
El gran poder de la Visa U. Si retira los cargos puede perder la Visa U *41*

Capítulo 9
El impacto de pedir una acta o partida de nacimiento falsa *45*

Capítulo 10
No se case en los Estados Unidos si aún está casado en su país *49*

Biografía 53

FELIPE MERINO

PRÓLOGO

Gracias a mi padre, Segismundo Merino Caro y mi madre, Sofia Ruiz Gutiérrez, he podido servir a miles de clientes en casos penales y migratorios. Mi niñez fue muy complicada, pero Dios, por medio de su infinito amor, me ha bendecido con una familia hermosa y un equipo de trabajo que lucha cada día por nuestros clientes. Cuando era niño mi papá siempre me inculcaba las palabras del presidente mexicano más importante, Don Benito Juárez, "*El respeto al derecho ajeno es la paz*". Así que, ¡unámonos para proteger al prójimo!

Es mi deseo más grande que mis hijos hereden mi compromiso por servir al prójimo, y que nunca paren de aprender. Después de recibirme con mi título en Estudios Jurídicos hace más de veinte años, a la edad de 46 años, regresé a la escuela para obtener una maestría en Administración de Empresas porque quise darle formalidad al estudio que me habían dado mis padres, la vida y mis experiencias como emprendedor, inversionista, abogado y supervisor de empleados por muchos años. Espero que el tiempo que he pasado desarrollando mis estudios me ayude a poder invertir en una generación nueva de emprendedores y líderes que quieran seguir superándose para sus familias y su comunidad.

FELIPE MERINO

INTRODUCCIÓN

Hace más de 60 años que mis padres llegaron a los Estados Unidos en un tiempo que también era complicado, pero de una manera diferente. No fue hasta los años después de la década de 1990 que se naturalizaron como estadounidenses, bajo la amenaza de que los residentes permanentes iban a perder la jubilación del seguro social. Cada generación tiene sus preocupaciones y sus razones por las cuales migran a los Estados Unidos. Dejan atrás su patria, su familia, sus tradiciones y sus comidas sabrosas. Algunos vienen por el peligro y amenazas donde viven; otros, por gobiernos que los oprimen, muchos por las oportunidades que imaginan que encontrarán en el norte. He escrito esta guía para que todo inmigrante respete las leyes establecidas por el gobierno y pueda evitar los siguientes peligros.

Algunos de ellos impactan el estado migratorio más que otros, pero es importante tener conocimiento de todos. Lamentablemente la necesidad no es una excusa válida para evitar las consecuencias migratorias. Tampoco la ignorancia por falta de información. Además, para complicar más la situación, las leyes migratorias cambian y se transforman constantemente. Estos cambios son aplicados por el Congreso de los Estados Unidos, el Presidente, el Departamento de Seguridad Nacional y por las Cortes Federales. A veces estas entidades gubernamentales funcionan en conjunto y a veces operan en conflicto directo la una de la otra. Cuando se establece un conflicto en la aplicación de la ley entre un distrito federal y

10 PELIGROS QUE TODO INMIGRANTE DEBE EVITAR

otro, la interpretación de la Corte Suprema de Los Estados Unidos se convierte en la última palabra. Si la Corte Suprema interviene, la única manera de cambiar esa interpretación es si el Congreso pasa una ley con dos tercios de los miembros apoyándola con una mayoría, avalada luego por el Presidente de los Estados Unidos.

Hoy día mucha información está disponible para el público por internet. Inclusive todos los formularios para casos migratorios están accesibles en el sitio web del servicio de inmigración estadounidense en http://www.uscis.gov. Pero dado a los cambios de leyes constantes y terminología compleja y ambigua, aunque no se requiere por ley, es esencial que toda persona que se dirija hacia o someta una solicitud a la agencia o corte migratoria, por lo menos pida una consulta con un abogado migratorio con experiencia, que ayude a tramitar lo relevante a su situación. Algunos requieren sus honorarios por adelantado, pero otros le pueden dar un plan de pagos para facilitarle el proceso a usted y a su familia. Lamentablemente la constitución del país sí garantiza un abogado en casos penales pero no en casos migratorios, lo que quiere decir que si usted ocupa ayuda legal migratoria debe pagar los servicios de su representante. Pero no deje que eso sea un impedimento. Existen muchas organizaciones sin fin de lucro que le pueden ayudar por un precio reducido y algunas hasta gratuitamente.

Uno de los dichos que siempre me ha gustado es que *todo tiene solución, menos la muerte*. En las próximas páginas, leerá cómo algunos problemas son más difíciles que otros. Y también va a descubrir que algunas soluciones migratorias solamente las puede

FELIPE MERINO

obtener cuando usted o sus seres queridos literalmente se enfrenten a la muerte y cooperen con las autoridades. No es mi deseo ni mi propósito asustar a nadie ni disuadirlo de que trate de regularizar su estado migratorio en el país. Al contrario, es mi deseo que tome las precauciones necesarias para no lamentar después sus acciones. El sueño del inmigrante a los Estados Unidos corre por las venas y constituye la fibra que fortalece a este país. Tal vez los fundadores de los Estados Unidos no se imaginaban ni podían anticipar la diversidad de la población inmigrante de nuestro tiempo. Pero lo que sigue siendo cierto es que el esfuerzo, el sudor, la sangre y el compromiso de los inmigrantes para con sus familias, sus comunidades y el futuro del país siguen haciendo que los Estados Unidos sea una de las potencias más grandes del mundo.

Para ilustrar y enfatizar cada peligro voy a terminar cada punto con una anécdota que espero le de una explicación más práctica y le ayude a internalizar la idea de que los Estados Unidos es una nación basada en leyes y reglas promulgadas para proteger el orden y su soberanía, que autorizan al país a proteger sus fronteras y la calidad de vida de los ciudadanos y los que radican legalmente en el país. Aunque este es el caso, las cortes federales han, por muchos años, establecido que hay ciertos derechos constitucionales que aplican a todos los que radican en los Estados Unidos, sin importar el estado migratorio, como por ejemplo, el derecho a la educación. Y el Congreso también ha establecido una ley federal en la que todos tenemos un derecho a ser auxiliados con tratamiento de emergencia en un hospital no importando el estado migratorio. Pero como estos derechos no son el enfoque de este libro, mi meta es ser su guía

10 PELIGROS QUE TODO INMIGRANTE DEBE EVITAR

para que, primeramente Dios, y si usted respeta la ley, evite los peligros migratorios y tome los pasos necesarios para favorecer su estado migratorio y, en cuanto le sea posible, pueda lograrlo sin encontrarse con obstáculos que hubiera podido evitar.

El contenido no pretende ni constituye asesoramiento legal y no se forma ninguna relación abogado-cliente. Para su situación específica debe consultar con un abogado.

PELIGRO 1

Nunca declare, ni permita que nadie declare por usted, verbalmente ni por escrito, que usted es ciudadano **estadounidense.**

A. EMPLEO

Muchas veces existe la tentación de comprar documentos de identidad de un ciudadano estadounidense para poder obtener trabajo. Muchos lo hacen para no tener que cumplir con tantos requisitos porque, si presentan información de un residente permanente o un permiso de trabajo, luego tienen que acompañar esos documentos con más comprobantes. El detalle es que el gobierno estadounidense no perdona que alguien se declare estadounidense sin serlo, con pocas excepciones. Además, el uso escrito o verbal de una identidad estadounidense puede ocasionarle encarcelamiento, inadmisibilidad y/o deportación.

B. CASO PENAL

El usar una identidad o documento no otorgado a usted por una agencia gubernamental con la intención de hacerse pasar por otra persona o con la intención de cometer un fraude, es un delito penado con encarcelamiento. Procure obtener la asistencia de un abogado que ejerza este tipo de casos penales y migratorios si llegara a ser detenido por la policía. El caso tiene que resolverse o usted puede ser expulsado del país después de un periodo de encarcelamiento. Si se maneja correctamente el proceso jurídico y cumple varios requisitos, pudiera obtener un permiso de trabajo con la posibilidad de luchar para obtener la residencia permanente en ciertas circunstancias.

C. ¡MUCHO OJO!

Suele suceder que agencias que otorgan licencias para conducir o identificaciones estatales automáticamente inscriben a personas para votar en elecciones gubernamentales. El problema es que los empleados de tales agencias le dicen o uno que firme varios documentos sin explicar ni traducir los documentos a un idioma que uno comprenda. Uno de esos documentos declara que usted es ciudadano de los Estados Unidos, ya que ser ciudadano estadounidense es requisito para poder votar por los líderes políticos. Aunque después alegue que no se dio cuenta qué era lo que estaba firmando, tribunales en los Estados Unidos lo han dejado muy claro: todo adulto que firme un documento es responsable de informarse del contenido del documento antes de firmarlo.

D. ANÉCTODA

Cuando voy a entrevistas o cortes de inmigración con clientes, a veces no sé qué sorpresas me van a salir. Tal vez, porque el cliente habla demasiado y da demasiadas explicaciones, o porque el oficial o juez se pone a indagar más de lo normal. En mi experiencia, la mayoría de oficiales y jueces solamente están tratando de procesar los casos en la manera más eficiente posible dado que tienen muchísimo trabajo y si se ponen a investigar cada cosita no van a terminar de procesar ningún caso. Pero cuando ven algo que causa duda o se les da una respuesta que obviamente no pueden

10 PELIGROS QUE TODO INMIGRANTE DEBE EVITAR

ignorar, se encuentran obligados a escarbar más profundamente. Si eso sucede, el gobierno normalmente le envía una carta pidiendo más datos para poder establecer si usted es inadmisible por haber declarado ser estadounidense. Yo trato de evitar estas situaciones. Si alguien me dice que declaró ser estadounidense o que votó en elecciones no siendo ciudadano, le digo que mejor se quede como está porque no quiero arriesgar que lo separen de su familia. Además, no quiero saber cómo se siente que detengan a mi cliente y lo deporten por no haberle explicado las consecuencias de sus acciones. Ya si somete la solicitud por su propia cuenta, sabiendo el peligro de sus acciones, tendrán que atenerse a las consecuencias.

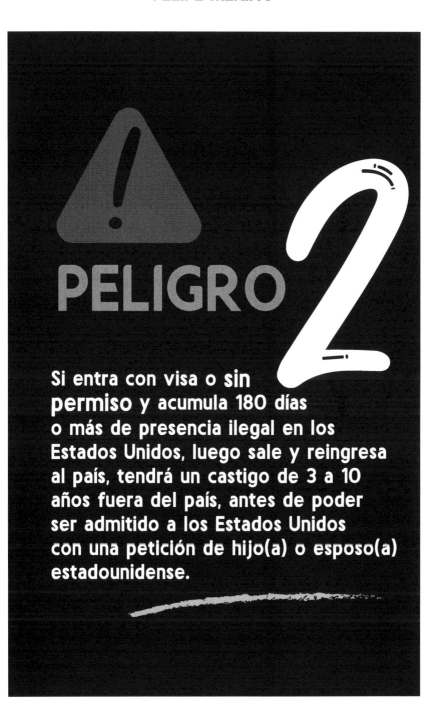

PELIGRO 2

Si entra con visa o **sin permiso** y acumula 180 días o más de presencia ilegal en los Estados Unidos, luego sale y reingresa al país, tendrá un castigo de 3 a 10 años fuera del país, antes de poder ser admitido a los Estados Unidos con una petición de hijo(a) o esposo(a) estadounidense.

10 PELIGROS QUE TODO INMIGRANTE DEBE EVITAR

A. TRASFONDO HISTÓRICO.

En el 1997, una ley federal migratoria entró en vigor y cambió la estadía de muchas personas en los Estados Unidos. Hasta el día que entró en vigor esta ley, los hijos nacidos en los Estados Unidos podían solicitar la residencia permanente para sus padres al cumplir los 21 años de edad, sin importar cómo ingresaron los padres al país. Al igual los esposos(as) ciudadanos(as) podían pedir la residencia de sus parejas sin importar cómo entraron al país.

B. LIMITACIONES.

Desde que entró en vigor la nueva ley, las personas que entraron sin permiso o ilegalmente, no pueden tramitar la residencia permanente sin obtener un perdón. En ciertas circunstancias el perdón se puede pedir dentro y fuera de los Estados Unidos si la persona salió del país con la intención de cumplir parte o todo de su castigo por haber ingresado y vivido sin permiso en los Estados Unidos.

C. ¡MUCHO OJO!

Si después de ingresar y vivir durante un periodo de tiempo sin estado migratorio en los Estados Unidos, usted sale y regresa al país sin permiso del gobierno estadounidense, no importará qué tan grande fue su emergencia o pérdida, usted puede ser castigado con tener que salir del país por 10 años antes de poder solicitar la residencia permanente por medio de un hijo(a) o esposo(a) estadounidense.

Una excepción sería si califica por la Visa U por ser víctima de un crimen de violencia, sufre un daño, coopera con las autoridades o si califica para la Visa VAWA, donde un padre de familia, esposo(a) o niño menor de edad sufre abuso físico o crueldad mental ocasionado por el/la esposo(a) estadounidense, padre o madre estadounidense o hijo(a) estadounidense mayor de 21 años de edad. Para que las salidas sean perdonadas por la Visa VAWA, tendrían que ser a causa del abuso. En este caso el gobierno le puede otorgar la entrada legal y un permiso de trabajo en lo que espera la residencia permanente. Su esposo(a) e hijos menores de 21 años también pueden recibir un permiso de trabajo y residencia permanente como beneficiarios secundarios siempre y cuando no sean los agresores contra usted. También puede ser elegible si el agresor es residente legal.

D. LA TRISTE REALIDAD.

Más de la mitad de las consultas que he realizado durante mi trayectoria de abogado migratorio han sido con personas que se sintieron obligadas a salir del país por la enfermedad grave de un ser querido o un fallecimiento en la familia. Cada persona tiene que vivir con las consecuencias de sus acciones y decisiones. Lamentablemente, si estas personas se hubieran informado antes de salir, probablemente no lo hubiesen hecho, sabiendo que su situación migratoria iba a complicarse más. Cuando usted es padre o madre de familia, debe tomar decisiones con la cabeza fría, porque sus hijos lo necesitan aunque se le parta el alma al saber que no podrá acompañar a su familia en su país de origen durante aquellos tiempos difíciles. Una de las grandes fallas que tiene nuestro

10 PELIGROS QUE TODO INMIGRANTE DEBE EVITAR

sistema migratorio, es que existan tantas personas que trabajan y aportan a esta economía, pagan impuestos, son padres y abuelos de estadounidenses, y se encuentren sin licencia para conducir un auto, sin permiso para poder trabajar legalmente y sin la habilidad de poder viajar fuera del país por alguna emergencia sin exponerse al gran castigo migratorio. Muchas veces le he dicho a mis clientes que quisiera tener una varita mágica para eliminar este castigo. No importa si su hijo(a) o esposo(a) se enliste como militar, podrá obtener un permiso de trabajo, pero no podrá hacerse residente permanente. El programa militar solo perdona una entrada sin permiso.

PELIGRO 3

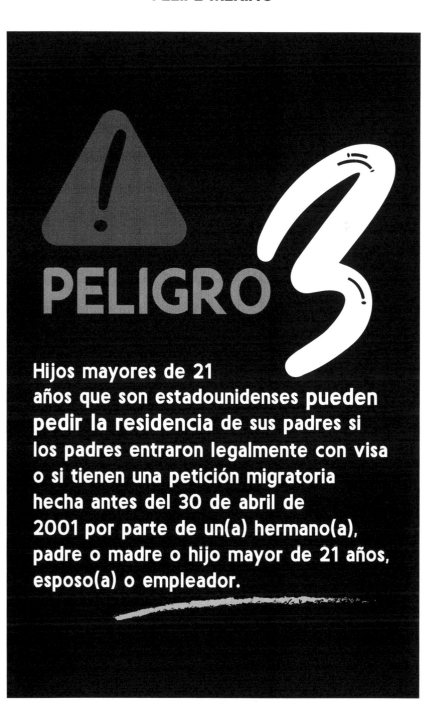

Hijos mayores de 21 años que son estadounidenses pueden pedir la residencia de sus padres si los padres entraron legalmente con visa o si tienen una petición migratoria hecha antes del 30 de abril de 2001 por parte de un(a) hermano(a), padre o madre o hijo mayor de 21 años, esposo(a) o empleador.

10 PELIGROS QUE TODO INMIGRANTE DEBE EVITAR

A. TRASFONDO HISTÓRICO.

Algunos han escuchado hablar de la ley 245(i). Bajo esta ley el gobierno le otorga la entrada legal a una persona si antes del 30 de abril del 2001 alguien de su familia o un empleador metió una solicitud migratoria y ahora está casado(a) con un estadounidense o su hijo(a) estadounidense cumplió 21 años de edad.

B. QUIEN MÁS ADQUIERE PROTECCIÓN.

Si el beneficiario de la solicitud estaba casado antes del 30 de abril 2001, su esposo(a) puede obtener la entrada legal también para poder recibir la residencia permanente por medio de su hijo(a) que cumplió 21 años de edad. Pero cuidado si la petición familiar era por una categoría en la cual no se permite casar al beneficiario, tal como para los hijos de residentes permanentes. Si este es el caso consulte con un abogado migratorio antes de seguir con cualquier trámite migratorio. Los hijos también pueden beneficiarse de la petición de los padres en ciertas circunstancias si fueron mencionados en la solicitud y si aún no habían nacido.

C. ¡MUCHO OJO!

Aunque usted tenga unas de estas peticiones ilustres echas por alguien que pensó en usted hace muchos años, recuerde que no puede salir hasta que se le otorgue la residencia. No puede cometer ofensas penales que lo hagan susceptible de deportación o que lo hagan inadmisible. Debe trabajar con su propio nombre si quiere aumentar su historial laboral para poder acumular los años requeridos para jubilarse.

D. ANÉCDOTA.

Durante mi tiempo como abogado migratorio, una de las cosas más bellas que he visto es cuando uno de mis clientes ha estado esperando más de 20 años para tramitar su residencia, pero por fortuna sometió su petición antes del 30 de abril del 2001, si hijo(a) cumple 21 años y ha trabajado por más de 20 años con su propio nombre. Al hacer eso, y conservar las formas W-2 que le otorgó su empleador cada año con el registro de sueldo pagado a nombre propio, la oficina de seguro social transfiere todos sus años laborales a su cuenta actual bajo su número nuevo de seguro social y la persona califica para su jubilación. Tiene que tener acumulados por lo menos 10 años de pagos al seguro social para poder recibir beneficios mensuales bajo el programa de jubilación. Estas reglas están sujetas a cambiar, pero usted se puede informar en la oficina más cercana al lugar donde usted radica. Aunque todas las oficinas del seguro social deben saber esta información, no todas son igual de serviciales. Si no habla bien el idioma inglés pida un intérprete o lleve uno con usted para que se pueda comunicar. Especialmente porque su futuro económico está de por medio. Y como siempre, debe hacer copias de sus documentos importantes antes de entregarlos a una agencia del gobierno por si se extravían. Suele

10 PELIGROS QUE TODO INMIGRANTE DEBE EVITAR

suceder que al entregar sus documentos ya no los vuelve a ver. No creo que sea por malicia, pero estas agencias federales están procesando millones de páginas de documentos a la vez y uno deber tomar sus precauciones, ya que el solicitante es el que la lleva de perder. Como mínimo tome fotos claras con su celular de cada página para poder tener un comprobante por si no tiene acceso a una copiadora.

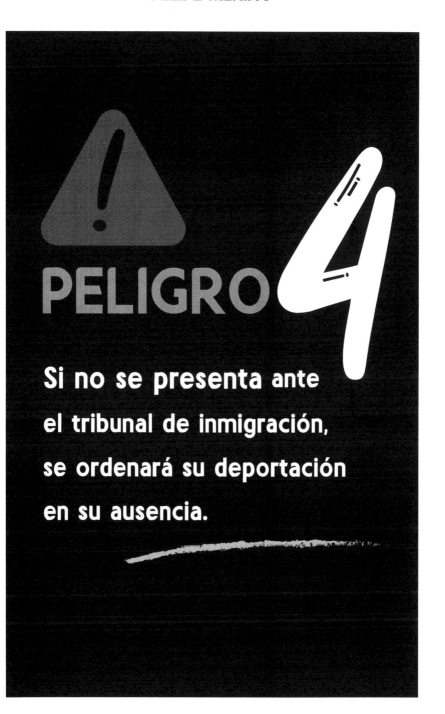

10 PELIGROS QUE TODO INMIGRANTE DEBE EVITAR

A. TRASFONDO HISTÓRICO.

Los jueces migratorios son más estrictos con las órdenes de deportación por ausencia que han sido emitidas cuando sus procedimientos de expulsión iniciaron después del 1992. Audiencias con un juez migratorio son asuntos muy serios y con consecuencias permanentes. Si un agente migratorio o un juez de inmigración le da una citatoria de corte, o fecha de audiencia, asegúrese de asistir. En su ausencia el juez migratorio puede ordenar su deportación y puede perder cualquier beneficio migratorio y defensa contra deportación que tal vez hubiera podido tener a su disposición.

B. PROBLEMAS CON EL CITATORIO.

Ha sucedido que agentes migratorios anotan incorrectamente su dirección o que el vecino tira su carta a la basura. En el instante que se da cuenta que no recibió su citatorio de corte debe consultar con un abogado migratorio inmediatamente para pedir que el juez migratorio nulifique la orden de deportación y reabra su caso por falta de no ser correctamente informado sobre su fecha de audiencia delante del tribunal. Usted puede verificar si tiene pendiente una fecha de corte con el juez en el sistema automatizado de casos en el sitio acis.eoir.justice.gov

C. ¡MUCHO OJO!

Para poder nulificar una orden de deportación y reabrir su caso va a tener que establecer que usted se ha mantenido informado al servicio de inmigración y a la corte de cualquier cambio de dirección. Además, debe tener comprobantes de las direcciones donde ha vivido. Y finalmente, pero es requisito, debe someter una declaración bajo juramento explicando su situación, por qué nunca recibió el aviso, y explicando que usted tomó los pasos necesarios para nulificar la orden de deportación y para reabrir su caso en cuanto se enteró que tenía este problema.

D. ANÉCDOTA.

Muchas personas tienen miedo ir a la corte de inmigración por temor a que el juez los vaya a deportar. Si no van a corte es seguro que los van a deportar. Para presentarse a corte debe asesorarse con un abogado. Al presentarse con el juez puede otorgarle una salida voluntaria para que no pierda ciertos beneficios migratorios en el futuro, aunque le dé un plazo de tiempo para salir del país sin ser detenido. Si usted teme regresar a su país por amenazas de daño corporal o por alguna amenaza reclente, el juez puede permitirle solicitar el asilo u otorgarle un permiso de trabajo bajo el convenio contra la tortura. Si usted ha estado en los Estados Unidos por 10 años o más (si no tiene estado migratorio) o 7 años o más (si es residente permanente) antes de entrar a un proceso de deportación y tiene hijos(as) o esposo(a) cuidadanos o residentes permanentes,

10 PELIGROS QUE TODO INMIGRANTE DEBE EVITAR

podría obtener un permiso de trabajo y ser elegible para pelear por su residencia permanente delante del juez. El problema es que para entrar en este proceso muchas veces la persona tiene que pasar por un proceso penal para luego ser transferido a inmigración. Si el delito es algo sencillo como manejar sin licencia, no es mucho el impedimento, pero las cosas se complican si lo detienen conduciendo un auto en estado de ebriedad, en posesión de drogas, por violencia doméstica, por robo de identidad, o por situaciones más graves. Para ganar la residencia permanente de esta manera, tendría que comprobar que su expulsión causaría una dificultad excepcional y extremadamente inusual para sus hijos(as) y/o esposo(a) estadounidenses o residentes permanentes.

10 PELIGROS QUE TODO INMIGRANTE DEBE EVITAR

La Corte Suprema de Los Estados Unidos ha establecido que toda persona que no es ciudadano de los Estados Unidos tiene el derecho de que su abogado le explique las consecuencias migratorias cuando es acusado en un caso penal. El juez estatal le explica los posibles castigos de encarcelamiento y de multa. Tal vez, hasta le explique el juez sobre la posible suspensión de su privilegio de conducir un vehículo de motor. Pero en la mayoría de los casos los jueces desconocen leyes federales migratorias. Tampoco tienen ninguna obligación de explicarle las consecuencias migratorias de su caso penal. Según surgen cambios en las leyes de cada estado, creo que veremos más y más requiriendo que los jueces permitan mayor tiempo para que los acusados puedan consultar un abogado migratorio. Y también creo que los tribunales se verán obligados a proveer los servicios de un abogado migratorio sin costo para los indigentes que se acusen de haber cometido un delito penal.

A. CONSECUENCIAS DE DECLARARSE CULPABLE.

Declararse culpable de un delito, aunque sea menor, puede causar que se convierta usted en una persona deportable o inadmisible aunque tenga un proceso migratorio pendiente. Un abogado migratorio puede ayudarle a evitar que firme una declaración que lo haga deportable o inadmisible. Habemos pocos, pero sí hay abogados que somos penalistas y migratorios. Los cambios constantes en las leyes migratorias a nivel federal desaniman a muchos abogados, y por esta razón no desean ejercer o mantenerse informados de esta área jurídica.

B. ¡MUCHO OJO!

Al inicio de un caso penal el juez le explica el castigo que puede imponer bajo la ley. Muchas veces el juez le ofrece un programa precondenatorio de desviación de cargos para disponer de su caso con la promesa de desestimar o despedir los cargos en contra de usted si cumple con ciertos requisitos. Normalmente paga una multa y completa horas de servicio a la comunidad. El problema es que estos programas frecuentemente solo despiden cargos en contra de ciudadanos estadounidenses. Toda persona que no sea ciudadano de los Estados Unidos y solicita un beneficio migratorio incluyendo el proceso de solicitar ciudadanía por medio de naturalización, tiene que informar su participación en cualquier programa precondenatorio de desviación de cargos y proveer todos los cargos y documentos firmados por el acusado relacionado con el caso. Y aunque el juez estatal le diga que despidió los cargos para propósitos estatales, el hecho de que usted haya admitido en una declaración escrita que cometió el delito de un cargo que fue supervisado por un tribunal, puede ser suficiente para que le nieguen su caso de asilo, TPS, Permiso de Trabajo, Residencia y hasta la ciudadanía estadounidense. Un abogado penalista y migratorio puede negociar o pelear su caso en juicio de tal manera que pueda salvar su proceso migratorio para usted y su familia. Y si usted tiene TPS, recuerde que solamente 2 delitos menores, aunque sean sencillos, pueden causar que pierda su protección migratoria y su permiso de trabajo.

C. ANÉCDOTA.

Muchas veces he estado sentado en la Corte escuchando a otros abogados con sus clientes delante del juez y me tengo que morder la lengua. Por ética profesional y por el contrato que los abogados tienen con sus clientes, no puedo interrumpirlos en la Corte aunque estén equivocados y cometiendo un error grave. Estos problemas suceden porque muchos abogados se dedican a aceptar casos con la promesa de cerrarlos rápidamente sin importarle al abogado si los clientes tienen evidencia a su favor o si un policía violó sus derechos. No todos nos preocupamos por el bienestar de los que dejan todo atrás para emigrar a este país. Sobre el transcurso de los años he colaborado con otros abogados para hacerle presentaciones a penalistas y fiscales sobre las consecuencias migratorias de casos penales. También he programado consultas para los clientes de otros abogados para dar asesoría de casos particulares. La información obtenida luego puede ser usada en negociaciones con el fiscal y para presentar argumentos persuasivos delante del juez. En fin, si un inmigrante a este país no es informado por su abogado de las consecuencias migratorias, es posible que en un futuro pueda apelar su caso por violación de sus derechos constitucionales.

10 PELIGROS QUE TODO INMIGRANTE DEBE EVITAR

A. TRASFONDO HISTÓRICO.

Desde que fue fundado el país, los Estados Unidos, ha conservado una protección migratoria para las personas indefensas que buscan protección porque el gobierno de su país y las autoridades del mismo no los pueden proteger del daño físico que terceras personas y, hasta posiblemente su propio gobierno, quiere cometer en contra de ellos, mismas amenazas están en función de que la persona no puede cambiar como su raza, su color de piel, el dialecto o idioma que habla, su parentesco, sus opiniones políticas o religiosas y mucho más.

B. LOS BENEFICIOS DEL ASILO.

Con una solicitud de asilo viene un permiso de trabajo después de un periodo de tiempo y eventualmente hasta puede convertirse en una residencia permanente para usted y su familia. Posiblemente hasta puede llegar a obtener la ciudadanía estadounidense. Es una gran bendición, pero el asilo viene con la gran advertencia de que, si es fraudulento o si no tiene mérito su caso, puede ser deportado y puede ser excluido de no poder solicitar ningún proceso migratorio en el futuro. Por eso es importante tener evidencia escrita y por medio de fotos de cualquier daño, amenaza y/o peligro que usted pudiera estar sufriendo si regresa a su país.

C. ¡MUCHO OJO!

Para no perder la capacidad de pedir protección del gobierno de los Estados Unidos, debe archivar su solicitud de asilo con el juez de inmigración, o con el servicio de inmigración si no se ha establecido fecha de corte todavía, antes de que pase un año de su fecha de entrada a los Estados Unidos. La única excepción es si ha habido un cambio de circunstancias recientes como amenazas de daño físico a su persona, a su familia o si por alguna razón de gravedad médica usted no pudo realizar la solicitud antes de que pasara el año. El peligro de no cumplir con el requisito del año, es que puede causarle una expulsión del país.

D. ANÉCDOTA.

Muchas veces la tentación es grande de proveer información falsa para recibir el beneficio muy codiciado de un permiso para trabajar. Lamentablemente abundan notarios públicos dispuestos a ganar dinero mal habido prometiendo permisos laborales por medio del proceso del asilo. Engañan al público e ingresan solicitudes por los cuales muchos no son elegibles. Además, someten solicitudes sin explicar las consecuencias de una solicitud fraudulenta y tampoco informan sobre las consecuencias de no mantener informada a la Corte de cambios de dirección. Esto puede resultar en una orden de deportación por faltar a su audiencia. Los años pasan y muchas personas no se dan cuenta que el permiso de trabajo que se les fue solicitado fue por medio de un proceso de asilo. Esos procesos

10 PELIGROS QUE TODO INMIGRANTE DEBE EVITAR

eventualmente son enviados a la oficina de asilo o a la corte de inmigración donde se requiere comparecencia delante del tribunal. Como las personas no se dan cuenta que tiene una obligación de mantener informada a la oficina y la corte migratoria, las personas muchas veces descubren por accidente que hace años fueron deportados por el tribunal migratorio de un lugar donde vivieron cuando recién entraron al país. Así que es muy importante evitar esto desde un principio. Si no tiene un buen abogado migratorio para corregir una situación como esta, consígalo pronto.

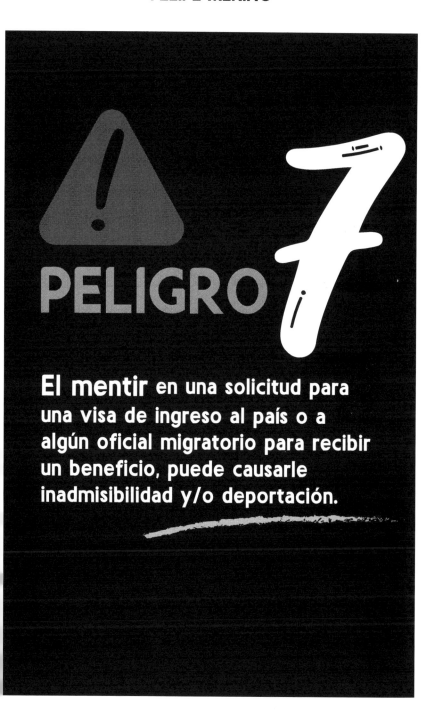

10 PELIGROS QUE TODO INMIGRANTE DEBE EVITAR

A. TRASFONDO HISTÓRICO.

Las solicitudes para procesos migratorios en los Estados Unidos son firmadas bajo pena de perjurio y declaran que la información incluida es la verdad, correcta y completa. Leyes federales aseguran que la información sea verídica con castigo de encarcelamiento. Además, el código federal de leyes migratorias dicta que la persona que haga declaraciones falsas verbalmente o por escrito a un oficial del gobierno para obtener un beneficio migratorio, puede convertirse en una persona deportable o inadmisible. Ya no importaría si tiene muchos años en el país, hijos estadounidenses ni la ciudadanía de su esposo o esposa.

B. TENTACIONES MALAS.

Muchas veces existe la tentación de dar información falsa o solicitar un beneficio por el cual uno no es elegible. Por eso es muy importante consultar con un abogado migratorio que le pueda aconsejar correctamente. Si usted sabe que estuvo ilegalmente en el país, salió y luego reingreso sin permiso, es sujeto al castigo permanente donde solo se puede pedir reingresar al país después de estar fuera por 10 años. Lo mismo si usted fue deportado, reingresó al país inmediatamente y espera que el gobierno no se va de cuenta... ¡Olvídelo! Mejor no gaste el dinero de su familia a no ser que un abogado migratorio pueda obtenerle un perdón especial para permitirle seguir con su proceso migratorio.

C. ¡MUCHO OJO!

Para no cometer errores que le van a salir más caros en un futuro, busque un abogado migratorio que tenga experiencia en el tipo de caso con el que usted ocupa ayuda. Hasta puede buscar abogados migratorios que hablen su idioma y que vivan cerca de usted. Entre a la página de la asociación nacional de abogados migratorios (conocido por sus siglas AILA) a www.aila.org. La asociación de abogados no garantiza el trabajo de ningún de ellos, pero al asociarse con la organización, los abogados que son miembros tienen acceso a recursos y capacitación legal constante que ayuda mantener informados a los miembros sobre cambios de leyes, política del servicio migratorio y decisiones jurídicas de la corte suprema y otros tribunales federales.

D. ANÉCDOTA.

Cuando alguien planea ingresar al país como residente permanente porque está relacionado por sangre o matrimonio con un residente o ciudadano estadounidense, los requisitos son más estrictos que cuando uno solicita ingresar al país como turista. Como turista solo tiene que establecer que nunca ha violado las condiciones de una visa y que tiene solvencia para pagar sus gastos mientras visita el país. También debe estar preparado para comprobar que tiene obligaciones, responsabilidades o propiedad en su país que hacen más probable que va a regresar después de su visita. Uno no puede ingresar a los Estados Unidos como turista y trabajar o

10 PELIGROS QUE TODO INMIGRANTE DEBE EVITAR

estudiar sin permiso adecuado. Y al solicitar la visa debe informar su estado civil correcto y si ha vivido ilegalmente en los Estados Unidos anteriormente. Si su intención es ingresar al país con visa de turista para quedarse, es muy probable que se le niegue la entrada. Los oficiales pueden ofrecerle la oportunidad de retirar su solicitud para ingresar o le pueden negar la entrada y revocar su visa por mentirles si detectan algún fraude.

PELIGRO 8

Si usted, su esposo(a) o su hijo(a) menor de 21 años de edad es **víctima de ciertos delitos graves**, recibe daño físico o mental y coopera con la policía y las autoridades en contra del delincuente puede recibir usted y su familia inmediata la protección de la Visa U.

A. TRASFONDO HISTÓRICO.

En el año 2000 el Congreso de los Estados Unidos aprobó una ley de protección para víctimas de tráfico [humano] y de violencia, con el fin de proteger a las víctimas y de fortalecer relaciones entre la policía y la comunidad. Esta ley estableció la Visa U, una visa con el poder de perdonar varios pecados migratorios.

B. APLICACIÓN AL MOMENTO.

La Visa U perdona la entrada y estadía ilegal en el país, múltiples entradas y la mayoría de delitos que uno haya cometido con pocas excepciones, siempre y cuando el gobierno determine que otorgarle un perdón cabe dentro del interés público o interés del país. Solamente ocupa cooperar con las autoridades tener algún daño físico o sicológico y seguir dispuesto a identificar o dar testimonio en contra del que cometió un delito grave en contra de usted, su esposa(o) o su hijo(a) menor de 21 años. Las ofensas específicas están escritas en una lista proporcionada por el servicio de inmigración en su sitio web www.USCIS.gov.

C. ¡MUCHO OJO!

Cuando el departamento de policía, el/la juez o un fiscal firme la forma inicial para verificar que usted fue víctima y que ha cooperado o aún tiene información que es útil para la investigación, procure moverse rápido con su proceso porque la firma es válida por 6 meses solamente. Si se le pasa el tiempo permitido, tendrá que solicitar la firma de nuevo para seguir adelante con el proceso. Procure continuar su cooperación con las autoridades. Además, cuando tramite su perdón con la solicitud para la Visa U, informe todos sus antecedentes penales no importando cuantos años hayan pasado, todas sus salidas, entradas y hasta deportaciones. Si no menciona todo en su solicitud y su perdón, el pecado migratorio no mencionado tampoco será perdonado.

D. ANÉCDOTA.

Muchas personas quieren tramitar la residencia permanente en los Estados Unidos, pero no pueden porque entraron ilegalmente al país y se quedaron un año o más, luego salieron y reingresaron ilegalmente sin autorización. Esto los sujeta al castigo permanente que no permite arreglo migratorio sin salir primero por 10 años. Pero la visa U es una visa que permite perdonar estos pecados migratorios. Cuando se otorga la visa, el gobierno le da la entrada legal al país. Ya que se le otorgue la Visa U, puede obtener la residencia permanente después de 4 años. Pero si está casado con un estadounidense o

10 PELIGROS QUE TODO INMIGRANTE DEBE EVITAR

tiene un hijo(a) ciudadano(a) no tiene que esperar los 4 años. Puede solicitar la residencia permanente en cuanto el gobierno le otorgue la entrada legal al país. Y después de pasar 5 años puede solicitar la ciudadanía estadounidense.

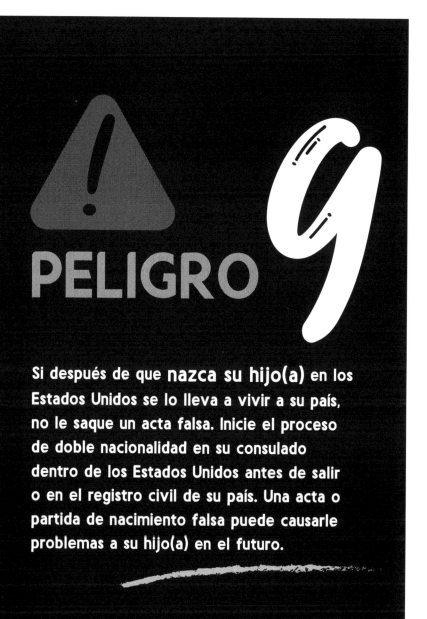

PELIGRO 9

Si después de que nazca su hijo(a) en los Estados Unidos se lo lleva a vivir a su país, no le saque un acta falsa. Inicie el proceso de doble nacionalidad en su consulado dentro de los Estados Unidos antes de salir o en el registro civil de su país. Una acta o partida de nacimiento falsa puede causarle problemas a su hijo(a) en el futuro.

10 PELIGROS QUE TODO INMIGRANTE DEBE EVITAR

A. TRAYECTORIA.

Desde el 1868 la cláusula de ciudadanía estadounidense fue agregada a la constitución del país para establecer que todo el que nace en los Estados Unidos o sus territorios nace como ciudadano estadounidense. No era el caso antes de este cambio. Durante diferentes periodos de tiempo en la historia del país ha habido individuos que han abogado en contra de la ciudadanía por nacimiento. Muchos países no lo permiten y los niños heredan la ciudadanía de sus padres al nacer.

B. APLICACIÓN AL MOMENTO.

Si su hijo(a) nace en los Estados Unidos y se lo lleva a su país procure obtener toda la documentación de nacimiento y su pasaporte estadounidense antes de salir de los Estados Unidos. Al no obtener los documentos necesarios de su consulado antes de salir del país, se puede encontrar presionado(a) a sacarle un acta de nacimiento falsa a su hijo(a) para que pueda asistir a la escuela en su país.

C. ¡MUCHO OJO!

Una acta o partida de nacimiento que no indique el lugar correcto de nacimiento es falsa y puede causar problemas a su hijo(a) en un futuro. Además, no se deje llevar por malas lenguas que mienten y le hacen creer que si su hijo nace en los Estados Unidos se lo van a quitar porque usted no tiene estado migratorio. Tampoco crea que van a enviar a su hijo a la guerra. Sí, es la obligación de todo varón de 18 a 25 años de edad registrarse con el servicio de selección militar, pero esto aplica a todos los varones que viven en el país; no solamente los estadounidenses. Esta ley es para asegurarse que la milicia tiene información de contacto disponible por si llegara a suceder una emergencia nacional que requiera inscripción obligada al ejército. Todo varón que radique en los Estados Unidos y algún día aspire tener ciudadanía estadounidense, debe inscribirse o se encontrará con un problema al tratar de naturalizarse como estadounidense.

D. ANÉCDOTA.

Si la ley en los Estados Unidos no otorgara ciudadanía por nacimiento, un servidor, el autor de este libro, hubiese nacido exclusivamente con ciudadanía mexicana porque mis padres nacieron en México *lindo y querido*. Por la gracia y misericordia de Dios, nací en California y hoy en día disfruto de doble nacionalidad y siempre he estado agradecido por el sacrificio que mis padres hicieron para que algún día yo pudiera obtener la carrera que ellos

10 PELIGROS QUE TODO INMIGRANTE DEBE EVITAR

no pudieron obtener. Siempre me esmeré en mis estudios porque yo sabía que muchas personas en México y Latinoamérica solo han podido lograr estudio de primaria, como mi madre y mi padre, por la pobreza y necesidad económica que aflige a tantos. Cada vez que me quería rendir en mis estudios hacía memoria de cómo mi padre se enfermó de tuberculosis en los campos de California y del cansancio que sentía mi mamá al limpiar varias casas en un día para tratar de solventar los gastos de una familia con 7 hijos.

A. TRASFONDO LEGAL.

Los delitos de bigamia (matrimonio con dos personas al mismo tiempo) y poligamia (matrimonio con múltiples personas a la vez) son castigados con posible encarcelamiento en todos los estados de los Estados Unidos. La realidad es que existen decenas de miles de personas por todo el país en la actualidad que están casados con más de una persona.

B. APLICACIÓN A SU SITUACIÓN.

Si aún no se ha divorciado y se vuelve a casar puede causar que su matrimonio sea anulado o designado como un matrimonio que no es válido. Para corregir la situación puede iniciar un divorcio dentro de los Estados Unidos o puede solicitar un proceso de anulamiento de matrimonio por varias razones. En cualquiera de las dos opciones, obtenga la sentencia final del juez en forma certificada. Si luego quiere asentar el divorcio en su país con el registro civil, debe obtener una orden apostillada (si es que se requiere en su país) del divorcio o del anulamiento para que su país reconozca la autenticidad de la orden jurídica de los Estados Unidos.

C. ¡MUCHO OJO!

Si usted está procesando un caso migratorio y aún no tiene la orden de divorcio de su esposo(a) anterior, es seguro que va a tener problemas. Muchas personas piensan que un matrimonio en su país no cuenta y tal vez no es válido. Si usted estuvo casado por el civil o por un juez, usted está legalmente casado. Si usted solamente se casó por la iglesia o alguna ceremonia religiosa sin reconocimiento por las autoridades civiles, es muy posible que no esté legalmente casado. Consulte con un abogado de casos migratorios para verificar esta información.

D. ANÉCDOTA.

Hace más de 10 años un señor me vino a ver a mi oficina porque quería tramitar la residencia permanente de su esposa. Le pregunté si había estado casado antes y me respondió que sí pero que ese matrimonio no contaba porque había sido en su país de origen. Le puse un alto inmediatamente y nos pusimos a investigar. Resulta que la que fue su esposa le dijo que ya se había divorciado de él en su país. No lo hizo. Solo hizo que lo pensara, aunque equivocadamente. Esta equivocación de hechos fue suficiente para anular su matrimonio actual. Se divorció correctamente de la esposa en su país para luego tener que casarse de nuevo con la esposa con la que vivía actualmente. Solo así podría arreglarle la situación migratoria a su esposa.

FELIPE MERINO

BIOGRAFÍA.

Felipe Noé Merino, abogado dedicado al derecho migratorio y defensa penal, ha servido en la junta directiva de la iglesia menonita College Mennonite Church en Goshen, Indiana, y previamente en las juntas de Goshen College y del distrito escolar de Goshen.

Cuando no está sirviendo a la comunidad directamente, sirve en la Secretaría de Relaciones Exteriores de los Estados Unidos Mexicanos como Abogado Consultor en el Consulado de este país, en Chicago, ayudando en asuntos penales y migratorios en Indiana cuando afectan los derechos de ciudadanos mexicanos. Se ha unido a líderes locales, estatales y nacionales para mejorar

10 PELIGROS QUE TODO INMIGRANTE DEBE EVITAR

las condiciones de la comunidad y ayudarles a comprender las leyes migratorias y los retos que enfrentan millones de miembros vulnerables de nuestra sociedad, quienes buscan la dignidad de, por lo menos, poder identificarse con una licencia de conducir.

Su despacho, Merino Law Firm, P.C., donde ejerce como abogado director, maneja asuntos de inmigración y defensa penal, y está preparado para defender los derechos de los que radican en Indiana y más allá. Además, los abogados de Merino Law Firm, P.C. asesoran a abogados de Defensa Penal sobre las consecuencias migratorias que resultan de encarcelamiento y condenas delante de tribunales.

Felipe Noé Merino es hijo de inmigrantes mexicanos que se convirtieron en ciudadanos estadounidenses. Se graduó con honores de la Universidad de Stanford y obtuvo su título de Derecho en la Escuela de Leyes de Notre Dame. Desde pequeño, aprendió a respetar los derechos de los demás, y por ello ha dedicado su vida a proteger y garantizar los derechos de todos los inmigrantes especialmente de aquellos que trabajan en nuestras fábricas, limpian nuestros hogares, mantienen nuestros jardines, construyen nuestras casas, cocinan en nuestros restaurantes, cosechan nuestros alimentos y sostienen nuestras comunidades.

CONTACTO:

Merino Law Firm, P.C.
102 N Main Street
Goshen, IN 46526
(574) 807-0512
FB: abogadomerino

Made in the USA
Middletown, DE
07 November 2024